Handeln mit Freude statt mühevoll arbeiten

Dieses Buch ist allen gewidmet, die mehr vom Leben wollen.

Bleibe auf dem Laufenden und erhalte jeweils die neuesten christlichen Erfolgsstrategien:

www.mein-gesetz-der-anziehung.de

Bibeltext der Schlachter
Copyright © 1951 Genfer Bibelgesellschaft
Copyright © 2000 Genfer Bibelgesellschaft
Wiedergegeben mit freundlicher Genehmigung.
Alle Rechte vorbehalten.

Aus Gründen der besseren Lesbarkeit wird in diesem Buch nur die männliche Ausdrucksform verwendet, die als geschlechtsneutrale Form zu verstehen ist. Selbstverständlich sind Frauen wie Männer in gleicher Weise gemeint.

Handeln mit Freude
statt mühevoll arbeiten

Entkomme der Stressfalle
und verwirkliche Deine Ziele mit Zuversicht

Anne Djahi

Bibliografische Information der Deutschen Nationalbibliothek:

Die Deutsche Nationalbibliothek verzeichnet diese Publikation in der Deutschen Nationalbibliografie; detaillierte bibliografische Daten sind im Internet über http://dnb.dnb.de abrufbar.

© 2015 Anne Djahi

Herstellung und Verlag: BoD – Books on Demand, Norderstedt

ISBN: 9783734762369

www.mein-gesetz-der-anziehung.de
info@mein-gesetz-der-anziehung.de

Inhaltsverzeichnis

Was Dein Leben leichter macht   7

1. Mühe und Dauerstress ohne Ende – ein   10
   unlösbares Problem?

2. Gnade – die Macht des Evangeliums erhalten   22

3. Auf dem Weg zur Entfaltung   34

4. Gottes Willen wagen und frei werden   41

5. Mit Freude erfolgreich Ziele verwirklichen   49

Ausblick – so wird unsere Zukunft   70

Über die Autorin   75

Was Dein Leben leichter macht

Und bekümmert euch nicht; denn die Freude am Herrn ist eure Stärke.

(Nehemia 8,10 Lutherbibel 1912)

Gott möchte, dass es Dir gut geht und dass Du Freude am Leben hast. Nicht nur ab und zu, sondern jeden Tag im alltäglichen Geschehen mit all seinen Herausforderungen, die das Leben so mit sich bringt.

Aber die Freude, die uns die Lust aufs Leben und die Kraft für den Alltag gibt, verfliegt nur allzu schnell, wenn sie nicht nachhaltig in Gott gegründet ist. Wie dies geschehen kann, das möchte ich Dir gerne in diesem Buch aufzeigen:

Freude am Handeln entsteht, wenn wir Großes vollbringen dürfen. Groß – das kann alles Sinnvolle und Liebevolle im Alltag sein.

Jesus versprach uns dies und sogar, dass wir noch größere Werke tun würden als er selbst zu Lebzeiten vollbrachte.

Wahrlich, wahrlich, ich sage euch: Wer an mich glaubt, der wird die Werke auch tun, die ich tue, und wird größere als diese tun, weil ich zu meinem Vater gehe.

(Johannes 14,12 Schlachter Bibel 2000)

„Ich gehe zum Vater" bedeutet, dass Jesus, nachdem er in den Himmel gefahren war, den Menschen die Kraft Gottes, den Heiligen Geist, sandte. So können wir bis heute unser Leben aus dieser Kraft heraus bewältigen.

Es ist diese Kraft des Heiligen Geistes in uns, die uns die Energie und Freude für den Alltag gibt. Alles, was wir brauchen, um sie zu erhalten, ist das Vertrauen, dass Gott es gut mit uns meint. Es ist das Vertrauen in seine Gnade, die Jesus für uns am Kreuz und durch seine Auferstehung errungen hat. Zu Jesus mag es viele Wege geben. Er selbst aber ist der einzige Weg zum Vater und somit zu allem Guten, das es im Leben geben kann.

Dieses Buch enthält einen Großteil meiner eigenen Erfahrungen, die ich auf dem Weg als Christ mit Gott gemacht habe. Sie sind somit alle erprobt und durchdiskutiert mit Freunden, Gemeindegeschwistern und vielen Interessierten, für deren Unterstützung ich mich an dieser Stelle bedanken möchte.

Auch wenn ich selbst damit erfolgreich bin, kann ich Dir keine Erfolgsgarantie geben, weil der Erfolg in erster Linie von Dir selbst abhängt. Daher möchte ich Dich ermutigen, Dich selbst auf den Weg mit Gott zu machen. Im Gespräch und im Gebet mit ihm, kannst Du immer mehr sein Kind werden und in seine Freude kommen, die er uns verheißen hat.

Solches rede ich zu euch, auf daß meine Freude in euch bleibe und eure Freude vollkommen werde.

(Johannes 15,11 Lutherbibel 1912)

Ich kann Dich nur ermutigen: Nimm Deinen Alltag bewusst in die Hand und überlasse ihn nicht den Umständen. Denn es sind die inneren Zustände, die unser Leben nachhaltig und langfristig bestimmen. Es lohnt daher die Mühe und die Geduld, die es braucht, um Gewohnheiten so zu verändern, damit sich der Erfolg einstellt.

Die Kapitel dieses Buches bauen inhaltlich aufeinander auf, können aber auch nur für sich selbst gelesen und verstanden werden.

In jedem Fall wünsche ich Dir viel Freude, neue Erkenntnisse und viel Erfolg auf Deinem Weg zu einem befreiten und glücklichen Arbeitsalltag.

Januar 2014, Freiburg im Breisgau

Anne Djahi

1

Mühe ohne Ende und dies im Dauerstress – ein unlösbares Problem?

Jeder von uns ist ständig aktiv, aber nicht immer haben wir das Gefühl, dass wir genug getan haben. Kommt Dir das bekannt vor?

Wie Stress sich auswirken kann

Kennst Du das Belastungs-Beanspruchungs-Konzept? Es besagt, dass Menschen unterschiedlich auf dieselbe Belastung reagieren. Einem 100 kg schweren und durchtrainiertem Mann fällt es in der Regel leichter ein Gewicht von 30 kg zu tragen als im Vergleich zu einem 50 kg schwerem und nicht so trainierten Mann. Mit anderen Worten: Die Beanspruchung der beiden Männer ist nicht dieselbe trotz der gleichen Belastung von 30 kg.

So verhält es sich auch mit psychischen Belastungen. Was der eine als spannende Herausforderung empfindet, ist dem anderen schon zu viel an Anforderung. So entsteht Stress. Stress hat vor allem damit zu tun, wie wir unsere Herausforderungen interpretieren.

Wie Stress entsteht und wie er sich auswirkt, dazu gibt es bekanntlich zahllose Studien und Bücher über die verschiedenen Auslöser von Stress und was sie bewirken. Wie auch immer, man kann jedoch immer zwischen

internen und externen Anforderungen unterscheiden.
Intern – das sind unsere eigenen Erwartungen an uns selbst. Sehr oft sind sie zu hoch und manchmal auch etwas unrealistisch angesetzt, weil wir so viel wie möglich in so wenig Zeit wie nötig erreichen wollen.

Extern – das sind die Erwartungen unserer Umgebung an uns selbst. Sehr oft interpretieren wir sie in anderer Weise, als sie ursprünglich gemeint waren. Das kann zu Missverständnissen und somit auch zu weiterem Stress führen.

Die Arbeits- und Alltagswelt ist stressiger geworden

Der Mensch ist von Gott so geschaffen, dass er nach Glück und Freude strebt. Gott will, dass es uns gut geht und wir Freude und Spaß am Leben haben.

Unsere heutige Lebens- und Arbeitswelt steht dem jedoch oft diametral entgegen: Beziehungsprobleme, Arbeitsverdichtung, Erkrankungen, Organisation des täglichen Haushalts, Sorgen wegen der Kinder, Pflege der Angehörigen, Einsamkeit, finanzielle Engpässe … . Die Liste an Problemen scheint endlos.

Dazu möchte ich einen kurzen Blick darauf werfen, was sich entscheidend in den letzten Jahren verändert hat.

Bis in die 90er Jahre hinein schien der Alltag noch übersichtlicher. Ein Grund hierfür waren die einfacheren Kommunikationswege. Das Internet war noch nicht verfügbar, Handys entwickelten sich erst und es gab nicht so viele Möglichkeiten so leicht an Information heranzukommen. Sehr oft waren die Wahlmöglichkeiten sehr begrenzt, wenn nicht sogar vorgegeben. Man hatte sich viel mehr zu fügen, wenn man Ziele erreichen wollte. So gesehen war das Leben in gewisser Hinsicht vielleicht einfacher.

Als sich dann unsere tägliche Kommunikationsstruktur zunehmend veränderte und die Globalisierung zunahm, da kamen mit diesen Neuerungen sehr viele neue Möglichkeiten. Dies erfordert bis heute eine andere Art sich zu orientieren. Es braucht nun ein Mehr an Selbstständigkeit und Mündigkeit, um sinnvolle Entscheidungen für das eigene Leben zu treffen. Dies kann insofern den Vorteil bedeuten, dass wir unser Leben freier gestalten können. Auf der anderen Seite mag diese neu gewonnene Freiheit den einen oder den anderen vielleicht überfordern.

Von einer Disziplinargesellschaft zur Partizipationsgesellschaft

Der Wandel der Kommunikationswege führte mit dazu, dass unsere Lebenswelt sich von einer Disziplinargesellschaft zu einer Partizipationsgesellschaft entwickelt hat.

Wie oben schon beschrieben, mag das so manchen überfordern. Gerade in Zeiten, wenn wir eine persönliche Krise durchleben und eine Neuorientierung gefordert ist, kann dies in eine hilflose Passivität aufgrund von Überforderung führen.

Oder das Gegenteil ist der Fall: Man tritt die Flucht nach vorne an, bleibt aber getrieben von inneren Ängsten und Unsicherheiten.

Da sich die gesellschaftliche Entwicklung nicht zurück drehen lässt, verbleibt die Verantwortung hauptsächlich bei jedem von uns, das eigene Leben bewusst mündig und gut zu gestalten. Dazu gehört auch, dass wir entscheiden, welchen Werten und Prinzipien wir vertrauen wollen. Wenn wir uns für Werte und Prinzipien entscheiden, die von Gott kommen, dann können wir nur gewinnen.

Um unser Leben selbstverantwortlich, organisiert und selbstständig in die Hand zu nehmen, hat uns Gott einen freien Willen gegeben. Zum einen, damit wir unser Leben nach unseren Wünschen gestalten können. Zum anderen, damit wir ihn freiwillig zurück lieben. Gott freut sich, wenn wir seine Liebe erwidern. Es ist diese Freude, die unsere Stärke sein kann!

Deine Innere Stimme: Spüre die Gegenwart Gottes

Kennst Du das? Du stehst vor einer schwierigen Entscheidung und einige Deiner Freunde raten Dir den einen Weg zu gehen. Aber Du weißt innerlich, dass es der falsche ist. Und obwohl der andere schwieriger erscheint, spürst Du mit Gewissheit in Deinem Inneren, dass er der richtige ist.

So ist der Alltag. Jeden Tag stehen wir unter dem Druck, leisten zu müssen. Aber es gibt einen Unterschied. Während die einen der Meinung sind, dass das Leben nun mal kein Zuckerschlecken sei und man sich den

Verhältnissen unterordnen müsse und anpassen, haben die anderen gelernt, mit fröhlicher Tatkraft und Selbstvertrauen die Dinge anzupacken und gut gelaunt umzusetzen und den Erfolg zu genießen.

Wie kommt das? Die Antwort könnte sein, dass es viel mit dem zu tun hat, was uns in der Kindheit an Werten vermittelt wurde. Diese Werte und Lebensprinzipien haben wir dann als Glaubenssätze verinnerlicht und demgemäß gehen wir mit Lob und Kritik um.

Um aber die richtigen Entscheidungen zu treffen, hilft uns die Innere Stimme. Sie ist die Stimme der Heiligen Geistes in uns. Wenn wir sie wahrnehmen als innere Zuversicht, dann wissen wir, dass Gott zu uns spricht. Der Heilige Geist wurde uns von Gott gegeben als Tröster und Wegweiser, nachdem Jesus zurück zum Vater gegangen war.

Was ist die Innere Stimme und was bewirkt Sie?

Die Innere Stimme in unserem Leben ist wie eine gütige Ratgeberin, die uns gute Vorschläge macht und uns immer im Leben konstruktiv rät. Sie ist eine sanfte Stimme in uns, die uns nie verrät und immer freundlich hilft, das Leben in jedem Moment sinnvoll zu leben.

Und doch hören wir oft nicht auf sie. Denn sie ist leise und niemals aufdringlich. Ganz im Gegenteil: Sie wartet geduldig, bis wir sie hören. Sie kritisiert niemals herablassend, sondern ermahnt uns freundlich, wenn wir Fehler gemacht haben und gibt uns gute Impulse, wie es weiter gehen kann. Sie hilft uns den Tag folgerichtig zu strukturieren und zu jeder Zeit das Richtige zu tun. Sie ist stets ein Helfer für kreative Lösungen.

Den ganzen Tag lang treffen wird ständig Nein- oder Ja-Entscheidungen. Um richtig zu wählen – dabei steht uns die Innere Stimme hilfreich zur Seite. So wie Jesus uns immer hilfreich zur Seite steht. So wie die Innere Stimme immer weiß, was zu tun ist – so ist Jesus. Bei ihm findest Du immer eine Antwort auf Deine Probleme.

So ist die Innere Stimme immer verblüffend weise. Sie weiß, was wir wann und wie am besten erledigen oder durchführen. Wenn wir auf sie hören, entscheiden wir uns dann immer für die beste aller Möglichkeiten in jeder neuen Situation und so können wir immer den Alltag erfolgreich bewältigen.

Die Innere Stimme sagt wie Jesus immer Ja zu uns. Wir dürfen uns gut mit ihr fühlen und erleben Stimmigkeit in unserem Leben, wenn wir sie beachten. Sie setzt uns nie unter Druck, sondern sie sorgt für uns und rät uns weise. Es macht uns glücklich, wenn wir gelernt haben, ihr zu vertrauen. Denn dann vertrauen wir Gott in uns.

Wie lernt man die Innere Stimme kennen?

Oft misstrauen wir Dingen, die wir nicht kontrollieren können. Wenn wir etwas Gutem begegnen, dann fragen sich viele, ob sich da nicht doch ein „Haken" dahinter verbirgt? Denn 100 % positiv, dass kann es doch nicht umsonst geben, oder? Wie ist das bei der Inneren Stimme?

An dieser Stelle darf ich einen Rat geben. Die Innere Stimme zu erkennen ist an und für sich leicht. Sie ist jene Stimme in Dir, der Du auf Dauer angstfrei dankbar sein kannst. Sie fühlt sich immer stimmig und harmonisch an. Habe daher keine Angst Fehler zu machen. Denn auch das passiert uns immer wieder. Aber Gottes Gnade ist an jedem Tag neu und die Innere Stimme, also der Heilige Geist in uns, führt uns immer wieder zurück auf den Weg.

Zusammengefasst lässt sich sagen: Wir können an allem Guten gewinnen, wenn wir gelernt haben unserer Inneren Stimme zu vertrauen. Daher lege ich Dir ans Herz: Misse Deine Innere Stimme nicht und Dein Leben wird von Erfolg, Kreativität und Wohlstand gekrönt sein.

Wie Du die Innere Anklage loswirst

Immer wieder geraten wir in Situationen, in denen wir feststellen müssen, dass es besser gewesen wäre, einfach einmal Nein zu sagen: Nein zu überhöhten Anforderungen im Beruf, Freizeitstress, ständig die Emails checken, alles für die Kollegen oder die Familie zu machen, perfekt den Haushalt zu organisieren und was es sonst noch so gibt.

Aber wir erleben auch, wie schwer es ist, nein zu sagen. Nein zu Anforderungen, die uns nicht gut tun. Nein, um genügend Ruhe und Freizeit zu finden. Nein, wenn die Familie, die Kollegen oder der Beruf von uns zu viel verlangen.

Aber warum ist es so schwer, nein zu sagen?

Ein Grund mag sein, dass wir oft nicht erkennen, wenn wir uns ständig selbst überfordern. Da sind zum einen unsere eigenen Erwartungen, die oft sehr hoch angesetzt sind. Und zum anderen ist da diese ganz feine leise, fast unbemerkte Stimme in uns, die uns immer wieder sagt: „Es ist nicht genug."

Diese Stimme ist auch als der Innere Antreiber oder der Innere Kritiker bekannt, der der Gegenspieler der Inneren Stimme ist. Er mag der Hauptgrund sein, warum wir immer wieder Höchstleistungen erreichen. Aber mit der Konsequenz, dass wir hinterher völlig ausgepowert und oft innerlich leer oder unzufrieden zurück bleiben. Meiner Erfahrung nach ist er der Stressfaktor Nr. 1 in unserem Leben.

Denn diese meist sehr leise Stimme des Inneren Kritikers bleibt jedoch oft unbemerkt. Ganz unterschwellig wirft sie uns ständig vor, dass wir zu wenig leisten.

Aber das stimmt nicht und kann gar nicht stimmen. Allein schon deswegen, weil diese Stimme gar kein Recht hat, uns in irgendeiner Weise zu beurteilen. Wir sollten ihr auch dieses Recht nicht einräumen. Denn das Gegenteil dieser anklagenden Stimme ist die Liebe Gottes über die Innere Stimme. Denn Gott will, dass es uns gut geht.

Vermeide Anklage, die auf Dich zurück fallen kann

Daher sollten wir uns hüten, der Stimme des Inneren Kritikers zu glauben und uns selbst oder unsere Mitmenschen anzuklagen! Denn diese Innere Stimme stammt nicht von Gott, sondern vom Gegner Gottes. Das ist der Satan, von dem die Bibel spricht, der auch der Ankläger genannt wird. Diese heimliche und leise Daueranklage in uns ist wohl einer seiner effektivsten Taktiken, da sie fast unbewusst bleibt. So versucht uns der Gegner Gottes mit dieser Taktik den inneren Frieden zu rauben. Mit dem Ziel, dass wir vor lauter Stress, Erschöpfung und Verzweiflung zusammen brechen, dann resignieren und uns – meist unbewusst – ihm ergeben.

Seine leise Anklage, die wie ein scheinbar sanftes Säuseln in unserem Unbewussten ist, versucht uns glauben zu machen, dass alles, was wir tun und lassen, immer noch nicht genug sei, um Gott zu gefallen.

Aber: Aus Gnade sind wir vor Gott durch Jesus gerechtfertigt. Daher kann ich Dir in aller Ruhe und Gelassenheit sagen: Gott liebt Dich, wie Du bist und nimmt Dich an, egal ob Du etwas leistest oder nicht. Alles andere ist eine Lüge des Gegners.

Daher lass' Dich von niemandem anklagen und klage ebenso niemanden an! Denn wer anklagt, stellt sich geistlich auf die gleiche Ebene wie der Gegner Gottes und macht sich eins mit ihm.

> (1) Richtet nicht, damit ihr nicht gerichtet werdet! (2) Denn mit welchem Gericht ihr richtet, werdet ihr gerichtet werden, und mit welchem Maß ihr meßt, wird euch gemessen werden.
>
> (Matthäus 7,1-2 Schlachter Bibel 1951)

Also Schluss damit: Entscheide Dich, nicht mehr täglich durch den Alltag zu hetzen, um Dich dann am Ende des Tages zu fragen: „Wozu das alles?".

Denn wozu soll diese Eile gut sein? Sicherlich, die Anforderungen sind gestiegen im Arbeitsleben wie auch im Privatleben. Aber das allein das soll der Grund sein?

Und überhaupt: Wem gibst Du Rechenschaft über all das, was Du täglich tust und lässt: Deinem Arbeitgeber, Deinem Lebenspartner, Deinen Eltern oder Deinen Kindern oder Deinen Freunden? Oder ist es das schlechte Gewissen Gott gegenüber?

Gott möchte ganz bestimmt nicht, dass Du Dich quasi „zu Tode" hetzt. Sondern, wie gesagt, es ist diese leise, fast unbemerkte Stimme des Gegner Gottes in uns, die uns immer wieder sagt: „Es ist nicht genug."

Aber egal wie sehr wir uns anstrengen, wir bekommen diese leise Stimme nicht zur Ruhe, wenn wir uns nicht von Gott helfen lassen.

Da mögen wir die Woche über viel geleistet haben und doch können wir unsere Wochenenden oder unsere Freizeit einfach nicht genießen. Denn der Innere Kritiker flüstert unaufhörlich in uns weiter. Wir sollen mit jedem Tag immer mehr leisten, damit wir vor Gott und dem Leben gerechtfertigt sind und vor seiner Anklage bestehen.

Aber überspitzen wir das Ganze einmal. Wenn man den Satz „Es ist nicht genug." etwas steigert, dann entsteht der Satz: „Es ist nie genug." Das zeigt doch wie unlogisch der Gegner Gottes ist. Denn wir könnten niemals auch nur irgendwas auf die Reihe bekommen. Wir würden niemals auch nur irgendetwas zu Ende bringen oder jemandem eine Freude machen können. Würde sich dann jegliche Aktivität überhaupt noch lohnen?

Daher macht das Böse keinen Sinn. Im Grunde genommen ist es unselig dumm, da es nicht verstanden hat, dass Gott die Quelle allen Lebens ist.

Denn aus Gnade sind wir vor Gott gerechtfertigt und nicht aus eigenen Werken.

Wie wir alle wissen, können wir jeden Tag nur eine bestimmte Menge an Arbeit leisten. Gott ruhte am 7. Tag, voller Freude über sein Werk. Und so gibt es auch für uns Zeiten der Aktivität und Zeiten der Ruhe. Schön ist jedenfalls, wenn wir am Ende eines jeden Tages uns darüber freuen können, was wir geleistet haben. Gott erkennt es an und wir dürfen es auch. So können wird dann mit guten Gewissen unsere Freizeit in Ruhe genießen, weil wir Kinder Gottes sind.

Indem wir diese Ruhe und diesen inneren Frieden in Dankbarkeit Gott gegenüber bewahren, so leisten wir erfolgreich Widerstand gegen den Gegner Gottes. So kannst Du seine Stimme der Inneren Anklage einfach ins Leere laufen lassen.

> Widersteht dem Teufel, so flieht er von euch;
>
> (Jakobus 4,7 Schlachter Bibel 2000)

Mehr über die Macht der Dankbarkeit in Deinem Leben und wie sie Erfolg für Dein Leben bewirkt, erfährst Du im Kapitel „Mit Freude erfolgreich Ziele verwirklichen".

2

Gnade – die Macht des Evangeliums erhalten

Gott macht uns ein Beziehungsangebot. Er liebt uns so sehr, dass er selbst Mensch wurde und für uns den Tod und alle Folgen falschen Handelns überwunden hat. Wir sind frei durch ihn, von ihm geliebt und gewertschätzt. Ohne dieses Geschenk des Lebens, seine Gnade, können wir nicht vor ihm bestehen.

Gnade kann man sich durch nichts verdienen. Sie ist ungerecht, denn sie gilt gleichermaßen für den kleinen wie den großen Sünder.

Sie ist die Eintrittskarte in Gottes Reich. Sie hebt die Logik unserer Fehlhandlungen auf, so dass wir frei werden von aller Schuld. Gnade ist kostenlos. Jeder kann sie erhalten, wenn sie oder er es möchte. Man kann sie sich mit nichts verdienen, sondern sie sich nur schenken lassen von Gott oder von Gott über Menschen. Gnade ist konstruktiv. Denn sie leitet uns stets zum guten Handeln an, so wie Jesus es predigte.

Gnade ist nur durch sich selbst definierbar. Sie muss mit nichts verglichen werden und ist durch nichts vergleichbar. Sie gibt Lebensfreude und macht uns Menschen offener und gelassener im Alltag. Denn sie versöhnt uns mit Gott und mit uns selbst. Solange wir in dieser Welt leben, sind wir auf sie angewiesen, jeden Tag neu.

Gnade ist mehr als Barmherzigkeit. Gnade ist Rettung und Reichtum zugleich. Und beides brauchen wir, wenn wir in eine Notlage geraten sind.

So ist Gnade immer auch eine Bereicherung für alle, denen es bereits gut geht. Denn sie ist die Grundlage allen Lebens. Gnade gibt uns Sicherheit und hat ihre eigene Ordnung. Sie macht uns souverän und lässt uns Jesus nachfolgen und zieht das Heilige nach sich. Sie verhilft uns zu einer immer besseren Lebenstüchtigkeit und wir können in ihr stetig wachsen. Gnade ist die Liebe Gottes zu uns. Sie erlöst uns von allem Negativen und verhilft uns zu guten Ideen und Lösungen.

Gnade ist überall und natürlich auch da, wo nicht nur Christen sind. Denn sonst würde unsere Welt sofort zu Staub zerfallen, da Gott mit seiner Gnade die ganze Welt trägt. Durch Gnade erhält Gott diese Erde und sie rechtfertigt uns vor Gott.

Wie können wir lernen, sie in Anspruch zu nehmen? Zum einen helfen die Geschichten des Alten und des Neuen Testaments, da sie einen beispiellosen Erfahrungsreichtum in sich bergen. Darüber hinaus können wir im Neuen Testament aus dem Leben und Wirken von und über Jesus erfahren.

Aber auch Alltagsgeschehnisse und Zeugnisse unserer Mitmenschen helfen uns weiter, Gnade immer besser zu verstehen und uns auf sie einzulassen.

Durch Gottes Gnade hinein ins Leben

Was ich aufzeigen möchte, ist dass es zwei Wege gibt, das Leben zu gestalten. Zum einen aus der Kraft Gottes heraus, also aus der Gnade.

Oder vermeintlich aus uns selbst heraus, das heißt aus unseren Glaubensansichten. Das kann lange gut gehen, aber irgendwann bricht dieses Glaubenssystem mangels Energie und Nachhaltigkeit in sich zusammen. Und dann stehen wir möglicherweise betroffener als zuvor mit immensen Problemen da. Das kann alle Lebensbereiche betreffen, wie die Gesundheit, Beziehungen, Beruf oder Finanzen.

Ob nun christlich gläubig oder anderweitig orientiert, das Einlassen auf die Gnade Gottes kommt immer einem völligen Systemwechsel in uns gleich. Es ist, als würden wir von - 10 über Null auf + 10 gehen. Über Null ist dann der Moment in unserem Leben, an dem wir zum ersten Mal Gott unser Vertrauen schenken und seine Gegenwart erleben.

Wenn wir somit im täglichen Handeln Gott immer wieder unser Vertrauen schenken, dann wächst unser Christsein gleich einem Pflänzchen, das täglich begossen wird.

Aber wie gelingt es jeden Tag neu, uns auf Gott auszurichten? Der Alltag ist oft so stressig, dass wir allzu schnell unsere guten Vorsätze aus den Augen verlieren.

Als erstes sollten wir uns darüber klar werden, ob es nicht ein in uns unbewusster Stolz ist, der uns davon abhält, die Gnade von Gott anzunehmen.

Mein Rat hierzu ist: Suche Dir ein gutes Wort oder einen Satz aus der Bibel heraus, der Dir Ermutigung schenkt. Ermutigung, die allen Stolz überflüssig und nutzlos macht.

Wenn Du magst, dann schreibe ihn Dir auf und befestige ihn da, wo Du ihn täglich sehen kannst. Das kann zum Beispiel Dein PC oder Dein Umkleidefach am Arbeitsplatz, der Kühlschrank oder der Badezimmerspiegel daheim sein.

Immer, wenn Du Dich unsicher oder energielos fühlst, dann denke an dieses Bibelwort. Es kann auch ein geistliches Prinzip sein, zum Beispiel:

> (5) Verlaß dich auf den Herrn von ganzem Herzen und verlaß dich nicht auf deinen Verstand; (6) sondern gedenke an ihn in allen deinen Wegen, so wird er dich recht führen.
>
> (Sprüche 3,5-6 Luther Bibel 1912)

Oder es kann auch einfach nur ein einzelnes Wort oder ein einzelner Begriff wie beispielsweise Gnade, Wahrheit, Frieden oder Dankbarkeit sein.

Je mehr Du dies einübst und es im Alltag zu einer Gewohnheit werden lässt, desto mehr wirst Du Erfahrung im Umgang mit Gottes Gnade und seiner Vollmacht bekommen. So lernst Du zunehmend mehr, aus dieser Quelle der Kraft und Erneuerung zu schöpfen für die Anforderungen des Alltags.

Vergiss dabei nie: Wir müssen uns nicht selbst abmühen, um Erfolg im Leben zu haben. Denn Gott selbst als Mensch

Jesus hat schon für Sie den Sieg errungen. Die Kraft dieses Sieges darfst Du getrost in Anspruch nehmen.

Denn als christlich gläubiger Mensch solltest Du Dich in keiner Situation aufopfern, nicht mal für Dich selbst. Denn das hat Gott als Mensch Jesus für Dich bereits getan, als er am Kreuz starb und drei Tage später auferstand. All dies tat er aus Liebe zu Dir!

Zusammen gefasst: Es kommt auf die richtige Haltung an. Diese erlernst Du, wenn Du Dich jeden Tag neu auf Gott ausrichtest. So erfährst Du immer mehr, dass Du Dich nicht selbst abmühen musst, um etwas zu erreichen. Denn Gottes Gnade und Liebe sind endlos und unerschöpflich!

Versöhnung mit Gott bringt inneren Frieden

Gott hat Dich zuerst geliebt. Und er liebt uns nicht menschlich, sondern seiner göttlichen Natur nach. So ist er immer treu. Wir können uns auf seine Liebe verlassen, so wie es im Römerbrief steht:

> (38) Denn ich bin überzeugt, daß weder Tod noch Leben, weder Engel noch Fürstentümer noch Gewalten, weder Gegenwärtiges noch Zukünftiges, (39) weder Hohes noch Tiefes, noch irgend ein anderes Geschöpf uns zu scheiden vermag von der Liebe Gottes, die in Christus Jesus ist, unsrem Herrn!
>
> (Römerbrief 8,38-39 Schlachter Bibel 1951)

Gott freut sich über Deine Liebe

Gott möchte mehr: Er liebt Dich und er wünscht sich, dass wir ihn zurück lieben. Im Jakobusbrief heißt es:

> Oder meint ihr, die Schrift rede umsonst? Ein eifersüchtiges Verlangen hat der Geist, der in uns wohnt:
>
> (Jakobus 4,5 Schlachter Bibel 2000)

Das Beste, das wir somit tun können, ist Gott zurück lieben. Und dies können wir freiwillig tun, denn Gott hat uns den freien Willen gegeben. Stelle Dir vor, Du wärst an Gottes Stelle: Was ist lohnender? Engelwesen zu erschaffen, die gar nicht anders können als Dich anzubeten und für Dich da zu sein? Oder ein Wesen, dem eigenen Ebenbilde gleich, dass sich freiwillig und aus eigener Kraft und eigenem Verstand dazu entschließt, die Liebe, die Du ihm gegeben hast, zurück zu geben?

Wie auch immer, Gott freut sich, wenn wir ihn zurück lieben. Mit allem, was wir tun oder lassen. Oder anders ausgedrückt: Wir sollen als Menschen und seine Kinder Frucht bringen. Zusammen mit Gott können wir diese guten Werke tun, damit diese Welt für uns alle sinnvoll gestaltet wird.

Unseren Mitmenschen in Liebe begegnen

Als Jesus gefragt wurde, was das höchste Gebot sei, da antwortete er sinngemäß: „Liebe Gott über alles, aus ganzer Seele, mit ganzer Kraft, aus ganzem Herzen und mit ganzem Verstand und deinen Nächsten wie Dich selbst!"

Nun stellt sich die Frage, wer denn unser Nächster ist. Ob Gott damit alle Menschen meint oder nur jene, die uns emotional oder in ähnlicher Weise nahe stehen und uns sympathisch sind.

Wie auch immer, wir sollten ehrlich mit uns selbst sein wie auch mit Gott. Wir sind Menschen und ich wage zu behaupten, dass es niemanden von uns gelingt, ehrlichen Herzens alle Menschen gleichermaßen zu lieben. Es gibt nun mal jene, die uns am Herzen liegen und andere, die uns weniger nahe stehen. Manchmal nicht sogar einmal das, wenn sie uns verletzt haben oder sich in irgendeiner Weise aggressiv gegen uns oder andere verhalten.

Wie kann man dennoch mit dieser Situation konstruktiv umgehen? Ich verstehe das Gebot, dass Jesus uns mit auf den Weg gab, auf folgende Weise:

Jene zu lieben, die wir leichten Herzens als unseren Nächsten bezeichnen können – das stellt für uns keine besondere Herausforderung dar.

Aber jene, die man vielleicht nicht so mag oder denen gegenüber man großes Unbehagen verspürt – ihnen kann man jedoch in einer Haltung der Liebe Gottes begegnen ohne sie mögen zu müssen.

Wenn diese Menschen dann die Liebe Gottes in uns wahrnehmen, dann kann Wunderbares geschehen. Und falls es nicht so sein sollte, dann soll es nicht unsere Verantwortung sein. Gott hält die ganze Welt in seiner

Hand und wir dürfen getrost darauf vertrauen, dass er die Kontrolle hat und es gut macht.

Denn unsere Haltung zählt auch vor Gott und wenn wir die Liebe Gottes anderen entgegenbringen, so müssen wir uns dabei keine Gewalt antun. Denn Gott will nicht, dass wir uns opfern. Denn das hat er selbst für uns als Mensch Jesus getan.

Es ist also die freie Entscheidung des anderen, die Liebe Gottes anzunehmen oder auch nicht. So wie Gott dem Menschen den freien Willen gegeben hat, so sollten auch wir dies respektieren, was auch immer die Entscheidung des anderen ist. Wenn wir Gutes beten für diese Menschen, dann bleiben wir in Gottes Liebe und somit geschützt durch sie.

Frei werden durch Vergebung

Es gibt wohl keinen Menschen auf dieser Erde, der nicht sehr Verletzendes oder Traumatisches erlebt hätte. Denn diese Welt ist eine Gefallene. Daher ist es wohl wenig hilfreich darüber zu hadern, dass Ungutes passiert, sondern es mag hilfreicher sein zu fragen, wie wir mit dieser Situation klug und besonnen umgehen.

Zunächst einmal ist es so, dass Gott als Mensch Jesus für all unsere Sorgen und Nöte gestorben und auferstanden ist. Daher dürfen wir immer wieder neu zu ihm kommen und ihn um Vergebung und Hilfe bitten. Wir dürfen ihm alles Schlechte anvertrauen, denn er hat es für uns bereits getragen.

Jesus, der selbst für die barmherzige Liebe steht, predigte nicht nur Demut, sondern auch Vergebung. Ja, er sprach sogar davon, dass wir unseren Feinden vergeben sollen! Wie ist das nun zu verstehen?

Es ist eine Tatsache, dass Vergebung uns befreit und uns Heilung schenkt. Vergebung ist etwas, das man sich nicht verdienen kann. Oder haben wir uns die Vergebung, die Gott uns schenkt, etwa verdient? Haben wir etwas dafür getan, das so groß ist, dass wir sie damit bezahlen könnten?

So wie ich Vergebung verstehe und erfahren habe, bedeutet Vergeben dreierlei:

Schritt 1: Gott die eigenen Verletzungen anvertrauen

Jeder von uns hat Verletzungen erfahren: Seelische, körperliche, soziale und auch materielle. So sind wir oft voller Schmerz und manchmal auch voller Verbitterung über die Ungerechtigkeit, die wir erfahren haben. Aber wir dürfen damit immer wieder zu Gott kommen. Jesus lädt uns ein, ihm all den Schmerz zu geben und Befreiung zu erfahren. Denn allzu oft übernehmen wir die Verantwortung für das Verhalten des Täters, um wieder Kontrolle über das Geschehene zu erlangen. Dabei verstricken wir uns immer mehr in Bindungen, die uns nicht gut tun und die Verletzungen können dabei sogar noch größer werden.

Besser ist es doch mit all diesem Kummer zu Gott zu gehen und ihm zu danken, dass er uns durch diese Situation durchgetragen hat. Denn er hat alles unter Kontrolle. Eigentlich ist es so, dass nichts geschieht, was er nicht zulässt. Für uns oft unverständlich angesichts all des Leids in der Welt und auch manchmal in unserem eigenen Leben. Gott aber will, dass wir durch Herausforderungen stärker werden, in dem wir sie bewusst angehen. Er mutet uns nichts zu, das wir nicht tragen können.

> Wir wissen aber, daß denen, die Gott lieben, alle Dinge zum Besten dienen,
>
> (Römer 8,28a Luther Bibel 1912)

Wenn wir ihm unsere Probleme anvertrauen und um Hilfe bitten, dann hilft er uns, wie auch immer er es machen wird. Er zeigt uns Wege, wie wir handeln können.

Schritt 2: Die Kraft der Vergebung von Gott erhalten

Wir alle machen immer wieder Fehler und bedürfen daher immer wieder neu der Vergebung Gottes, der uns immer wieder vergibt in seiner unendlichen Gnade. Dafür sollten wir uns immer wieder aufs Neue bei ihm bedanken. So erhalten wir die Kraft der Vergebung.

Aber es gibt noch eine weitere Herausforderung: Allen zu vergeben, die uns geschadet haben. Die Herausforderung ist nun, Vergebung von Gott anzunehmen, um sie an diese weiter zu reichen.

Schritt 3: Allen Menschen vergeben, die uns wehgetan und geschadet haben

Denn oft denken wir, dass jene, die uns verletzt haben, die Vergebung durch Gott nicht verdient haben. Und das stimmt ja auch: Gnade und Vergebung kann man sich nicht verdienen. Sie ist ein Geschenk an uns alle, weil Gott uns liebt und möchte, dass wir zu ihm finden. Wir machen ihm also eine Freude damit, wenn wir nicht nur uns selbst von ihm vergeben lassen. Sondern wir machen ihm auch eine Freude, wenn wir seine Vergebung an andere weiter reichen und ihnen vergeben.

Was passiert, wenn wir anderen vergeben?

Wir werden frei von ungüten Bindungen, die vielleicht noch in unserem Leben schwelen.

Denn wenn wir weiterhin dem Täter gegenüber grollen und ihm die Verantwortung für die Tat zuweisen, dann geben wir ihm Macht über unser Leben. Dazu kommen oft noch Wut und Zorn, mit denen wir unser Verhalten trotzig rechtfertigen.

Wollen wir das?

Bestimmt nicht. Vergebung macht frei. Denn Vergebung ist wie Gnade ungerecht. Denn sie rechtfertigt uns vor Gott und befreit uns zu einem guten Leben. Das ist viel besser als in miesen Gefühlen zu verharren, in der Hoffnung, der Täter möge vielleicht ebenso leiden.

Hier noch ein paar hilfreiche Worte, die Du im Gebet aussprechen kannst:

„Lieber Vater/lieber Jesus,

ich gebe dir meine Vergangenheit, Gegenwart und Zukunft und danke Dir, dass Du sie annimmst und etwas Gutes daraus machst.

Ich verstehe, dass jeder Tag neue Chancen mit sich bringt, mein Leben gut zu gestalten im Kleinen wie im Großen.

Danke, dass Du mir vergibst! Ich vergebe allen, die mir geschadet haben.

Danke, dass ich in Dir gerechtfertigt und geliebt bin.

Amen."

Danke ihm für Deine Befreiung, auch wenn Du sie noch nicht fühlst. Das Gefühl dafür wird kommen, je öfter Du sie aussprichst.

Wie Du sehr wahrscheinlich erleben wirst, ist Vergebung ein Prozess, der längere Zeit in Anspruch nehmen kann. Vergeben ist zudem etwas, das nicht auf Gegenseitigkeit beruht. Wenn wir vergeben, so erwarten wir vielleicht, dass sich das Verhalten des andern sich ändert. Das geschieht auch in den meisten Fällen, da Gebet Macht hat. Es sollte aber nicht zur Bedingung gemacht werden.

Wie auch immer, über das Gebet haben wir die Möglichkeit, immer mehr wir selbst zu werden. Zu dem, wozu Gott uns erdacht, geschaffen und berufen hat. Nimm es in Anspruch und freue Dich, was Du noch alles in Deinem Leben erreichen wirst.

3

Auf dem Weg zur Entfaltung

Wenn es Dir gelungen ist, Dich mit Gott zu versöhnen, dann kannst Du seinen Frieden empfangen. Es ist ein Friede, „der allen Verstand übersteigt und unsere Herzen und unsere Gedanken in Jesus bewahrt" (gemäß Philipper 4,7).

Es ist, wie Jesus uns sagt:

> Den Frieden lasse ich euch, meinen Frieden gebe ich euch. Nicht gebe ich euch, wie die Welt gibt. Euer Herz erschrecke nicht und fürchte sich nicht.
>
> (Johannes 14,27 Luther Bibel 1912)

Gottes Frieden verstehen

Jesus beschreibt somit einen Frieden, der etwas anderes sein muss als die bloße Abwesenheit von Krieg oder Streit. Es muss ein Frieden sein, der uns durch und durch trägt und innerlich ruhig und ausgeglichen stimmt. Der uns eine übernatürliche Ruhe gibt und das Gefühl, bei Gott und bei uns selbst angekommen zu sein. Ein Frieden, der sich nicht mit dem Verstand fassen lässt.

Fast jeder sehnt sich nach diesem Frieden. Auch wenn es Menschen geben mag, bei denen das nicht so ist und die eher für das Gefühl der Erhabenheit und des Stolzes leben anstelle gesunder Ehrfurcht Gott gegenüber.

Jesus aber grüßte seine Jünger in dieser Weise, nachdem er vom Tod auferstanden war und sich wieder den Jüngern zeigte (Lukas 24,36). Da die Jünger schon zu Lebzeiten von Jesus und danach in großer Bedrängnis waren, wurde „Schalom" (hebräisch: Frieden) zum Gruß zwischen den Jüngern Jesu, nachdem Jesus auferstanden und in den Himmel aufgenommen worden war.

Mit Frieden ist somit jene Kraft gemeint, die alle Verzweiflung, Angst und Sorge überwindet. Frieden bedeutet sicher in der Vollmacht Gottes zu leben. Aufgehoben und geborgen, weiß man so um den eigenen Platz im Reich Gottes. So hat man die Gewissheit, dass man auf dem rechten Weg ist. Jenen schmalen Pfad eingeschlagen hat, der zum Leben führt, von dem Jesus spricht (gemäß Matthäus 7,13-14).

Gottes Frieden zeigt Dir den Weg

Ohne diesen Frieden können wir als Menschen und Gesellschaft auf Dauer nicht leben. Denn dieser Frieden ist jene liebevolle Ordnung, die uns Gott als Mensch gibt. Und wenn wir uns auf diesen Frieden einlassen, hinter dem sich die Gnade Gottes verbirgt, dann überwinden wir jene Isoliertheit, die uns von Gott trennt.

So kann es uns gelingen, uns mit unserer eigenen Lebensgeschichte zu versöhnen. Denn wie oft hadern wir mit erlebten Schicksalsschlägen, die wir als zutiefst ungerecht finden. Aber Gott mutet uns nicht mehr zu als wir tragen können.

Überlege einmal? Was hat Dich im Leben durchgetragen? Welche Eigenschaften hat Gott Dir gegeben, sodass Du heute noch am Leben bist? Bist Du durch diese Erfahrungen nicht auch in irgendeiner Weise stärker geworden?

Daher mein Rat an Dich: Lasse das Geschehene los und konzentriere Dich auf Deine Stärken, die den Frieden Gottes nach sich ziehen.

Zum Beispiel:

Wenn Du den Verlust von Angehörigen oder guten Freunden betrauerst, dann bete für sie alles Gute, das Dir einfällt und vertraue diese geliebten Menschen getrost Gott an!

Oder wenn Du über verpasste Chancen haderst, dann frage Dich vielleicht, ob Du Gott heute so kennen würdest, wie Du ihn kennst, wäre Dein Leben anders gelaufen. Denn vielleicht hättest Du nie nach ihm gefragt, wenn alles immer glatt gelaufen wäre in Deinem Leben.

Ist es somit nicht besser Gott zu kennen und zu wissen, dass die Ewigkeit auf uns wartet?

Deine Berufung leben

Aber wie sieht das konkret aus, wenn wir für sein Reich leben? Ich wage zu sagen, dass es einen allgemeinen Sinn des Lebens gibt und einen persönlichen Sinn für jeden einzelnen Menschen.

Den allgemeinen Sinn könnte man so formulieren, dass wir Menschen zusammen mit Gott diese Welt gut und zur Freude aller gestalten. Den konkreten Sinn des Lebens für den einzelnen könnte man auch Berufung nennen.

Eine Möglichkeit, diese zu erkennen, ist sich selbst folgende Fragen zu stellen: Stelle Dir vor, Du wärst für den Rest Deines Lebens finanziell gut versorgt und Du müsstest Dir nie wieder Gedanken über Geld machen.

Was würde Dir so viel Spaß und Freude bereiten, dass Du es sogar kostenlos tun würdest? Würde es Gott eine Freude machen? Würde es Deinen Mitmenschen dienen? Wie würdest Du es als Botschaft an die Welt formulieren?

Wenn es Dir gelingt auf diese Fragen Antworten zu finden, dann hast Du meiner Meinung nach Deine Berufung gefunden. Die Herausforderung ist es, mit Dir selbst ehrlich zu sein und vor Gott. Lass Dir dabei von ihm helfen und bitte ihn um Führung.

Mündigkeit ist gefragt

Um das eigene Leben gut zu bewältigen, ist Mündigkeit in Gott gefragt. Mündigkeit ist nichts anderes als emanzipiert denken und handeln zu können. Emanzipiert bedeutet hier, dass wir frei geworden sind von allem destruktiven Denken und Handeln. So schaden wir weder uns selbst noch anderen, sei es absichtlich oder unabsichtlich.

Mündigkeit in Gott bedeutet nicht, ihn nicht mehr zu brauchen, sondern in ihm moralisch reif und verantwortungsbewusst zu werden. Es bedeutet, umsichtige Entscheidungen zu treffen auch in geistlicher Hinsicht.

> (19) Den Geist dämpft nicht! (20) Die Weissagung verachtet nicht! (21) Prüft alles, das Gute behaltet! (22) Haltet euch fern von dem Bösen in jeglicher Gestalt!
>
> (1. Thessalonicher 5,19-22 Schlachter Bibel 2000)

Das betrifft vor allem den geistlichen Bereich in unserem Leben. Ich habe leider zu oft erlebt, dass Christen (wie auch Nichtchristen) trotz bester Absichten geistlich verführt sind.

Damit meine ich, dass viele Christen sich unbewusst geistlich in die falsche Richtung bewegen ohne es selbst zu merken. So kann sich dann folgendes Drama entwickeln: Je mehr der Gläubige sich vermeintlich bemüht, Gott gerecht zu werden, desto mehr verstrickt er sich in die Fänge des Gegners Gottes. Das ist eine ganz böse Sache. Ich hatte das Glück im jungen Erwachsenenalter die Gabe der Unterscheidung der Geister zu erhalten. Obwohl ich das damals überhaupt nicht verstand, was es bedeutete, hat es mich dennoch davor bewahrt, versehentlich geistlich eine falsche Richtung einzuschlagen.

Leider wird dieses Thema der geistlichen Verführung nur wenig in Gemeinden offen thematisiert. Oft herrscht eine dogmatische Überzeugung, dass Lippenbekenntnisse allein ausreichen, um zu Jesus zu finden.

Dankbarkeit Gott gegenüber schützt vor geistlicher Gewalt

Der beste Rat, den ich angesichts dieser Problematik geben kann, ist die nachhaltige Dankbarkeit Gott gegenüber. Wenn Du Gott auf Dauer ohne Angst dankbar sein kannst, dann weißt Du, dass Du geistlich auf dem richtigen Weg bist.

Dann kann es sich in der Regel nicht um eine falsche geistliche Quelle handeln, hinter der sich ein Dämon verbirgt. Denn sonst bliebe ein gewisses Unbehagen und eine Unsicherheit, die Dir das Gefühl gibt, sich Gott noch nicht genug anvertraut oder hingegeben zu haben. Denn der Gegner Gottes ist nie zufrieden, weil er immer mehr angebetet und verehrt werden will.

Wenn Du also mit Gott Deinen Weg begonnen hast, dann spürst Du diese Sicherheit und Siegesgewissheit in Dir. Denn Gott möchte keine unterwürfigen Menschen als seine Kinder, sondern in ihm selbstbewusste, besonnene und aufrecht gläubige Christen. Auf diese Weise wirst Du zunehmend mehr erleben, dass er Dich immer mehr in die Vollmacht der Gotteskindschaft führt.

Ohne seine Gnade jedoch geht es nicht. Aber oft fällt es vielen Menschen schwer etwas anzunehmen, das nichts kostet. Man möchte sich nichts zu Schulden kommen lassen, wie es so schön heißt. Oder man glaubt nicht, es verdient zu haben. Aber das Gute von Gott zu erkennen, zu wertschätzen und anzunehmen, zeugt von Reife. Gott freut sich, wenn wir zu ihm kommen und all das Gute annehmen, das er uns schenken möchte. Unser Leben wird dadurch wertvoller und erfüllter statt schuldbeladener und hilfloser. Wenn wir dankbar die Güte Gottes annehmen, dann dürfen wir sie getrost genießen und an unsere Mitmenschen weiter geben.

4

Gottes Willen wagen und frei werden

Mit Freude und Lust am Leben können und dürfen wir Christen sein. Viele von uns aber haben in ihrer Kindheit gelernt, dass man als Christ eher bescheiden und zurückhaltend sein sollte. Im Extremfall wird mit Christsein sogar unterwürfige Pflicht und Selbstkasteiung verbunden. Das kann nicht im Sinne Gottes sein, der sich fröhliche und mündige Kinder wünscht.

Den Demütigen belohnt Gott

Erfahrungsgemäß wird Demut sehr oft mit Unterwürfigkeit verwechselt. Ich frage mich dann, wieso ist das so? Denn Gott wünscht uns das Gute im Überfluss:

> Der Dieb kommt nur, um zu stehlen, zu töten und zu verderben; ich bin gekommen, damit sie Leben haben und es im Überfluß haben.
> (Johannes 10,10 Schlachter Bibel 1951)

So heißt es auch bei Jakobus und Petrus:

> Gott widersteht den Hochmütigen, den Demütigen aber gibt er Gnade.
> (Jakobus 4,6b Schlachter Bibel 2000)

> Demütigt euch vor dem Herrn, so wird er euch erhöhen.

(Jakobus 4,10 Schlachter Bibel Bibel 2000)

So stellt sich die Frage, wie wir in Demut dem Leben begegnen, damit wir im Überfluss oder im Wohlstand leben können. Was ist also das Erfolgsgeheimnis von Demut?

Zunächst einmal ist Demut das Gegenteil von Stolz und Erhabenheit. Demut ist das tiefe Vertrauen, dass Gott alles in der Hand hält und diese Welt trägt. Demut bedeutet die Gewissheit, dass wir von Gott abhängig sind und seiner Fürsorge bedürfen. Demut lässt uns selbst als einen Teil des großen Ganzen sehen. Denn zu glauben, man sei von Gott unabhängig, kann bis zur Egozentrik führen. Man sieht sich dann selbst als Mittelpunkt und Zentrum des Geschehens und entfernt sich auf diese Weise immer mehr von Gott.

So erging es auch Lucifer, der einstmals schönste Engel im Himmel. Er verfiel diesem Schicksal und schnitt sich somit selbst von der Quelle des Lebens ab. Denn in all seiner Pracht glaubte er, Gott nicht mehr zu brauchen und musste den Himmel verlassen. Stolz brachte ihn zu Fall. So änderte sich sein Name. Seit dem wird er hebräisch Satan – auf Deutsch Gegner – genannt.

Demut kann somit so verstanden werden, dass wir uns selbst nicht als Mittelpunkt des Lebens verstehen. Sondern, dass wir verstehen und anerkennen, dass wir ein Teil des großen Ganzen sind. So lässt uns Demut offen werden für das, was das Leben und Gott für uns bereithalten. Demut ist somit das Bewusstsein, dass alles Gute nur von Gott kommt und wir allein von ihm abhängig sind.

Demut macht Königskinder. Denn Demut ist der „schmale Weg", von dem Jesus spricht, der aber zu Gottes Herrlichkeit führt. Denn Demut lässt uns offen sein für Gottes Gnade, sein Geschenk des Lebens an uns. Demut eröffnet uns somit den Blick für das Wesentliche im Leben.

So ist Demut ist die Grundlage allen Heils. Und sie bedeutet, für Gott zu leben, ihm, uns selbst und unseren Mitmenschen zur Freude. Demut ist das Größte und Kleinste zu gleich und hat nichts mit Demütigung zu tun. Ganz im Gegenteil: Demut verleiht uns Würde und lässt uns besonnen handeln. Sie ist die größte geistliche Macht in unserem Leben, wenn wir durch sie Gott dankbar sind für alles Gute, das er uns gibt. Auf diese Weise ist sie die Voraussetzung und das Geheimnis für den Erfolg in unserem Lebensalltag.

Aus Liebe zum Guten handeln und nicht aus Angst vor dem Bösen

Hast Du Dich schon einmal gefragt, warum uns das Böse näher zu sein scheint als das Gute? Ist es vielleicht, weil das Böse dieser Welt vertrauter zu sein scheint als das Gute?

Tatsache ist, dass die dämonische Welt dieser Erde näher ist als Gott und seine Engel. Es sei denn, wir lassen Gott und seine Engel in unser Herz.

Da wir aber ins Körperliche geboren sind, also in eine grobe materielle Frequenz hinein, neigen wir dazu, uns vom „Fleisch" leiten zu lassen.

Dies ist mit ein Grund, warum es so schwer ist, sich von Gottes Heiligem Geist leiten zu lassen.

Zudem haben wir von klein auf gelernt, dass stets die Umstände unsere inneren Zustände bestimmen. Auch das können wir ändern. Gottes heiliger Geist in uns ist immer stärker als alle Umstände. Anders gesagt, unsere Umstände ändern sich, wenn wir uns ändern.

Dies erreichen wir, wenn wir dies im Gebet erbitten und Gott dafür danken. Dazu hilft es, wenn wir uns ein gutes Wort oder eine Bibelstelle aussuchen, dann daran festhalten und danach handeln.

So überwinden wir die Angst, darauffolgend dann nicht vom Bösen Rache zu erhalten. Denn der Satan will uns nicht loslassen. Er muss aber, wenn wir am Guten festhalten.

Wenn wir diesen Systemwechsel in uns geschafft haben, dann sind wir frei! Dann bestimmt die Liebe zum Guten unseren Alltag und nicht mehr die Angst vor dem Schlechten und Bösen. Das ist jene Freiheit von der Jesus spricht, wenn er sagt, dass die Wahrheit uns frei macht. Wir erhalten dann eine ganz andere Lebensqualität. Wenn wir diesen Weg konsequent weiter gehen, dann werden wir frei von Mangel, Krankheiten, Einsamkeit und Not.

Dann entdecken wir ganz neue Möglichkeiten, das Leben zu sehen und neue Chancen zu erkennen, die uns Wege eröffnen, die wir vorher nicht gesehen haben. So können wir vieles zum Besseren verändern: Im Beruf, in der Familie, in den Finanzen, in der Gesundheit oder im Freundeskreis.

Wichtig ist, hier unbeirrt am Guten und an Gottes Wort festzuhalten. Immer wieder neu, jeden Tag sich an diese Worte zu erinnern und sie uns vorzusagen. Sie sind Wegweiser, die gute Gefühle und Handlungen nach sich ziehen und unser Leben die entscheidende Wendung geben.

Denn der Wunsch der dämonischen Welt ist es, möglichst viele Menschen geistlich zu verführen, damit sie ebenfalls am Ende dieser Weltzeit zusammen mit dem Satan und seinen Dämonen vernichtet werden. Ihr größtes Motiv ist somit die Rache, allein schon deswegen, weil der Mensch an die Stelle Satans gestellt wurde, nachdem dieser aus dem Himmel gefallen war.

Aber Gottes heiliger Geist in uns ist tausend und abertausend Mal stärker. Daher brauchen wir uns nicht zu fürchten. Sondern können beherzt und mit guten Gefühl unseren Weg mit Gott gehen. Das Licht scheint in der Finsternis und nicht umgekehrt.

> (31) Darum sollt ihr nicht sorgen und sagen: Was werden wir essen? oder: Was werden wir trinken? oder: Womit werden wir uns kleiden? (32) Denn nach allen diesen Dingen trachten die Heiden, aber euer himmlischer Vater weiß, daß ihr das alles benötigt.
>
> (33) Trachtet vielmehr zuerst nach dem Reich Gottes

und nach seiner Gerechtigkeit, so wird euch dies alles hinzugefügt werden.

(Matthäus 6,31-33 Luther Bibel 1912)

Wenn wir somit aus Liebe zu Gott und zum Guten handeln, dann stellen wir das Geistliche an erste Stelle. So folgt dann das Irdische wie von selbst. So werden wir stets gut versorgt sein und brauchen uns keine Sorge zu machen. Gott sorgt für Dich!

Entscheiden wie Gott entscheidet

„Dein Wille geschehe", so heißt es in dem wohl bekanntesten Gebet der Christenheit – dem Vaterunser.

Auf diese Weise nach dem Willen Gottes zu leben – was für eine Herausforderung! „Ich bin doch keine Marionette!" mag dann so mancher denken. Aber Gott will ganz bestimmt nicht, dass wir unseren Willen aufgeben.

Das Gegenteil ist der Fall, der freie Wille ist die größte Freiheit, die wir haben können! Warum – weil man dann immer die beste Entscheidung für sich selbst treffen wird, wenn man so entscheidet wie Gott an unserer Stelle entscheiden würde. Wenn dies dann zu einer Gewohnheit wird, dann findet dieser Prozess auch zunehmend unbewusst statt, was bekanntlich enorme Auswirkungen auf unser gesamtes Leben hat.

Es mag sehr ungewohnt sein, diesen Weg zu gehen, denn wir sind es gewohnt immer selbst die Kontrolle zu behalten und autonom auszuüben.

Daher: Fange mit Kleinigkeiten an. Bitte Gott, Dir seinen Willen zu zeigen. Man kann dies auch als die Innere Stimme des Heiligen Geistes in Dir bezeichnen.

Du wirst dann sehen, dass Du immer mehr loslassen kannst. Das bedeutet nicht, dass Du die Verantwortung für Dich selbst über Bord wirfst. Sondern Du akzeptierst, dass Gott größer ist als Dein Verstand. Gott sieht immer das ganze Bild. Wir hingegen sehen nur einen kleinen Ausschnitt.

> Befiehl dem Herrn deinen Weg, und vertraue auf ihn, so wird er es vollbringen.
>
> (Psalm 37,5 Schlachter Bibel 2000)

Auf diese Weise wird der Alltag leichter, weil Du Deine Sorgen loslassen kannst, da Gott Dir über Deine Innere Stimme immer das Richtige rät. Alles, was Du ihm ehrlichen Herzens anvertraust, wird er für Dich erledigen. Du musst Dir dann keine Gedanken machen, wie Gott dies vollbringt. Denn das ist dann seine Verantwortung.

Gottes Weisheit ist größer als unser Verstand. Es wäre also geradezu dumm, sie nicht in Anspruch zu nehmen. Oder möchtest Du die Verantwortung für Dein Leben allein mit Deinem Verstand bewältigen?

So ist die größte Freiheit und Lebensqualität, die wir haben können, so zu entscheiden wie Gott in jedem Moment an unserer Stelle entscheiden würde!

Überlege Dir einmal: Wenn Du beginnst, entsprechend Gottes Willen zu handeln, dann denkst Du die gleichen

Gedanken wie Gott! Ist das nicht unaussprechlich gut und absolut wunderbar? Welche Ideen warten dann noch auf Dich? Wie wird sich Dein Leben so nach und nach zum Positiveren verändern?

Je mehr es uns gelingt, seinem Willen gemäß zu leben – desto mehr kommt unser Leben in Gottes Ordnung.

5

Mit Freude erfolgreich Ziele verwirklichen

Wir Bürger in Deutschland sind ja schon seit längerem dafür bekannt, zu viel und ständig über alles zu klagen und zu jammern. Dieses Phänomen ist auch als „German Angst" im Ausland bekannt.

Wenn man sich ständig negativ orientiert, dann sieht man nicht die Chancen, die der eigene Alltag so bietet. Wir verlieren so die Offenheit für Gottes Geist und damit den Blick für das Gute in unserem Leben.

Damit dies nicht passieren kann, versuche doch einmal, Deinen Alltag so zu sehen, wie Gott ihn sieht. Betrachte die Angelegenheiten, die Dir heute Sorgen machen, aus der Sicht der Ewigkeit! Wie beurteilst Du Dein heutiges Leben, wenn Du es in 10 Jahren rückwirkend betrachtest?

Der Heilige Geist als Innere Stimme in Dir befähigt Dich dazu. Er hilft Dir konstruktiv zu denken und zu handeln.

Er zeigt Dir die Freude Gottes über Dich, die Dir immer wieder die Kraft und die Motivation gibt, Dein Leben sinnvoll in die Hand zu nehmen.

So kannst Du in Ruhe und mit Gelassenheit Deinen Alltag gut bewältigen. Gottes Gnade gibt Dir die Kraft und Sicherheit dafür. Denn wenn wir Gott und seinem Geschenk des Lebens an uns – seine Gnade – vertrauen, dann erhalten wir seine Vollmacht. Durch diese sind wir in ihm und vor ihm gerechtfertigt und können unseren Alltag mit Freude statt mit Mühe gestalten.

Dankbarkeit führt zur Freude Gottes in unserem Alltagsleben

Wenn Gott sich über uns freut, dann freut er sich in uns. Das ist das Reich Gottes in uns, für das wir leben sollen. Gottes Freude in uns ist die Kraft, aus der wir für unseren Alltag schöpfen können.

Denn Gott will uns das Leben schenken und das im Überfluss (Johannes 10,10, Schlachter Bibel 1951). Dies dürfen wir dann getrost annehmen. Wenn wir für Gott und sein Reich leben, dann wird es uns auch materiell, gesundheitlich, beziehungsmäßig und in allen wichtigen Bereichen des Lebens gut gehen gemäß Matthäus 6,33.

Aber wie macht man das konkret? Viele würden jetzt sagen: Gott zur Ehre leben. In allem, was man tut und lässt, ihn erheben.

Ja und wie geht es dann weiter? Freut sich Gott wirklich darüber, wenn wir versuchen seiner Herrlichkeit Genüge zu tun? Können wir Gott überhaupt genügen? Können wir ihn überhaupt erheben?

Die Antwort ist: Wir können ihm weder genügen, denn er schenkt uns das Leben, das wir uns mit nichts verdienen können. Wir können ihn auch nicht erheben, denn wer sind wir denn?

Aber wir können froh und dankbar sein über das Gute, dass er uns gibt. Je dankbarer wir werden, desto mehr ziehen wir die Freude Gottes in unser Leben. Anders gesagt: Dankbarkeit beinhaltet die Freude Gottes über uns.

So erhalten wir jene Freude, die uns die Kraft für den Alltag gibt und Gott Gefallen bereitet.

Dankbarkeit als Ursache für den Erfolg

(16) Seid allezeit fröhlich! (17) Betet ohne Unterlaß! (18) Seid in allem dankbar; denn das ist der Wille Gottes in Christus Jesus für euch.

(1. Thessalonicher 5,16-18 Schlachter Bibel 1951)

Wenn wir etwas Schönes erleben, dann freuen wir uns. Dankbarkeit stellt sich ein.

Es kann sich jedoch auch umgekehrt verhalten und vielleicht hast Du das schon erlebt: Du warst dankbar für etwas und mehr davon realisierte sich in Deinem Leben. Wie kann das sein?

Nun, es gibt ein Prinzip, das nennt sich das Gesetz der Anziehung. Dieser Begriff stammt meines Wissens aus der Neugeist-Bewegung von William Walker Atkinson, der ihn 1906 in seinem Buch "Thought Vibration or the Law of Attraction in the Thought World" zum ersten Mal erwähnte. In der freichristlichen Theologie ist das Gesetz der Anziehung auch als Saat und Ernte – Prinzip bekannt.

Denn was der Mensch sät, das wird er ernten.

(Galater 6,7b Schlachter Bibel 1951)

Das Gesetz der Anziehung besagt, dass das, was Du auf Dauer erwartest, Du in dein Leben ziehst. Alle Dinge, seien sie positiv oder negativ, die Du täglich immer wieder fokussierst, manifestieren sich in Deinem Leben. Gleiches zieht Gleiches an. Deine Gedanken und Gefühle strahlen in die Welt hinaus und bringen das zurück, was ihren Inhalten entspricht. Dabei spielt das Gefühl der Freude eine besondere Rolle. Freude ist die Macht, die Gutes verwirklicht.

Da Dankbarkeit die Freude Gottes über uns beinhaltet, hat sie eine enorme Auswirkung auf unser Leben. Anders gesagt: Wenn Gott sich über uns freut, dann freut er sich auch in uns.

Diese Freude kannst Du spüren. Sie gibt nicht nur die die Kraft und Motivation für Deinen Alltag, sondern sie zieht das auch das an, was Deine Gedanken bestimmen.

Ideal ist somit, wenn Du Gott für alles Gute in Deinem Leben dankbar bist.

Das gilt nicht nur für die Dinge, die Du bereits erhalten hast, sondern auch für das, was sich noch gar nicht in Deinem Leben realisiert hat!

Wenn mich also jemand nach dem Erfolgsgeheimnis meines Lebens fragen würde, dann würde ich folgendes antworten:

Danke Gott für alles, was Du schon erhalten hast, was Du weiter geben kannst und was Du noch bekommen wirst!

Warum sollten wir Gott gegenüber dankbar sein und nicht jemandem anderes? Nun, wem wir dankbar sind, dem geben wir die Macht über unser Leben! Und ist es nicht Gott, der uns geschaffen hat, weswegen wir ihm ewig dankbar sein dürfen?

Jetzt magst Du Dich fragen, für was Du in Deinem Leben dankbar sein kannst? Vielleicht ist Dir gar nicht nach Danken zumute.

Schauen wir uns das Gesetz der Anziehung näher an: Gleiches zieht Gleiches an. Ein konkretes Bespiel: Du bedankst Dich bei Gott für 100 Euro, die Du besitzt. Das Universum reagiert prompt und liefert weitere 100 Euro.

Meistens ist das nicht immer so offensichtlich. Aber es ist wichtig für das zu danken, was an Gutem in unserem Leben zu finden ist. Es kann nicht nur Schlechtes geben, da Du sonst nicht mehr existieren würdest.

Betrachte Dein Leben doch einmal, wie Gott es sehen könnte. Du wirst bestimmt eine Menge Gutes entdecken. Es beginnt bereits mit der Tatsache, dass Du morgens aufwachst und allein aus dem Bett steigen kannst.

Entscheide Dich daher für die Macht der Dankbarkeit in Deinem Leben. So heißt es in dem bekannten Sprichwort: „Loben zieht nach oben, Danken bewahrt vor Wanken."

Vertraue darauf, dass Gott sich in Dir freuen will.

> Solches rede ich zu euch, auf daß meine Freude in euch bleibe und eure Freude vollkommen werde.
>
> (Johannes 15,11 Schlachter Bibel 1951)

Überlege Dir, wo in Deinem Alltag Gottes Freude zu finden ist. Worüber freut er sich, wenn Du es tust oder lässt?

Anders gesagt: Die Freude Gottes in Dir zeigt Dir, wo es lang geht auf dem täglichen Weg zum Erfolg.

Das Gesetz der Anziehung
oder das Saat und Ernte – Prinzip

Beten ist das Gespräch mit Gott: Allein, zu zweit oder in einer Gruppe. Es ist das Vertrauen, dass Gott uns zuhört und unsere Anliegen ernst nimmt. Das Gebet gibt uns die Möglichkeit, aus unserer psychischen Welt unserer Vorstellungen hinaus in die geistliche Dimension von Gott zu treten.

Über den Glauben lässt sich somit sagen, dass er das Vertrauen darauf ist, dass etwas, das man noch nicht sieht, geschehen wird (nach Hebräer 11,1).

Denn der Glaube gibt uns die Möglichkeit, über das eigene Vorstellungsvermögen Realitäten zu erschaffen, die vorher nicht gegeben waren.

So entwickelt sich aus unserem Vertrauen, dass etwas Bestimmtes geschehen wird, eine Erwartungshaltung, die wie ein Nährboden für das ist, was wir dann herbeiführen wollen.

Und wenn wir unsere Worte mit Bedacht wählen, kreieren wir eine neue Wirklichkeit. Denn Worte sind Macht. Durch sie wurde die Welt geschaffen.

So ist auch das Gebet. Wenn wir also im Gebet Vertrauen darauf setzen, dass das Erbetene sich ereignen wird und wir zudem unser Handeln danach ausrichten, so wird das Gewünschte Realität annehmen. Beten ist somit das Agieren außerhalb von Zeit und Raum. Das dem gemäße Handeln leitet das Gewünschte dann zu uns.

Wenn wir uns das Gewünschte mit Zuversicht vorstellen, dann schaffen wir über die geistliche Ebene die Voraussetzungen für sein Entstehen. So entsteht durch Glaube die erwünschte Realität.

> Und Jesus sprach zu dem Hauptmann: Gehe hin, dir geschehe, wie du geglaubt hast! Und sein Knecht ward gesund in derselben Stunde.
>
> (Matthäus 8,13 Schlachter Bibel 1951)

Wichtig ist hierbei, dass stets konstruktiv formuliert wird. Konstruktiv ist mehr als einfach nur positiv. Ein Beispiel: Ein Dieb mag eine positive Absicht haben, wenn er einen Diebstahl begeht, denn er möchte Beute machen. Aber sein Handeln ist nicht konstruktiv, denn es schadet einem anderen Menschen.

Daher wähle Deine Gedanken und Gefühle mit Bedacht aus. Sie sollten nie einem anderen Menschen schaden. Denn wie gesagt: Worte sind Macht. Worte können Freude schenken oder einen anderen Menschen unsäglich verletzten.

> Eine heilsame Zunge ist ein Baum des Lebens; aber Verkehrtheit in ihr verwundet den Geist.
>
> (Sprüche 15,4 Schlachter Bibel 1951)

Worte wie Gedanken sind Energie, die immer eine Auswirkung haben auf unser Leben oder das Leben unserer Mitmenschen. Was wir aussprechen, wird sich auf unser Leben auswirken.

Den Sieg aussprechen und mit Zuversicht visualisieren

Daher spreche immer Gutes über Dein Leben aus! Besonders hilfreich ist es, wenn Du Deine Gedanken laut aussprichst. Warum hilft das? Weil sich so Dein Unbewusstes und Dein bewusster Geist sich eins machen und synchron Deine Gedanken und Deine Wünsche übernehmen. So kann Gott in Deinem Leben besser handeln, weil Du Dir selbst nicht unbewusst widersprichst.

Wichtig ist zudem, dass Du es mit Zuversicht aussprichst. Sprich laut und mit Dankbarkeit Dein Gebet vor Gott und der unsichtbaren Welt. Stelle Dir dabei das Gesagte auch innerlich bildlich vor, um die Wirkung emotional zu verstärken. Und denke immer daran, was Jesus uns lehrte:

> Alles ist möglich, dem der da glaubt.
>
> (Markus 9,23b Schlachter Bibel 1951)

Das ist die Macht des Gebets. Es ist möglich, dass alles, was wir uns vorstellen können, dann Wirklichkeit werden kann.

Was auch immer es ist, wenn Du täglich dran bleibst im Gebet, dann kann Gott alles für Dich in die Wege leiten, weil Du es zulässt. So kann er unter anderem jene Menschen zubereiten, die an Deinem Wunschgeschehen mitbeteiligt sind.

Jesus sagt hierzu:

> (22) Und Jesus hob an und sprach zu ihnen: Habt Glauben an Gott! (23) Denn wahrlich, ich sage euch, wenn jemand zu diesem Berge spräche: Hebe dich und wirf dich ins Meer, und in seinem Herzen nicht zweifelte, sondern glaubte, daß das, was er sagt, geschieht, so wird es ihm zuteil werden. (24) Darum sage ich euch: Alles, was ihr im Gebet verlangt, glaubet, daß ihr es empfangen habt, so wird es euch zuteil werden!
>
> (Markus 11,22-24 Schlachter Bibel 1951)

Was genau sagt hier Jesus? Wir sollen uns vorstellen, dass wir das Erwünschte schon erhalten haben. So sollte unser Gebet in der vollendeten Gegenwart oder in der Gegenwart formuliert werden.

Zum Beispiel:

„Danke Vater/Heiliger Geist/ Jesus für …!

Oder: „Danke Vater/Heiliger Geist/ Jesus, dass … geschehen ist!

Wie Du siehst, sind die Gebete im Dank-Modus formuliert. Wie schon zuvor beschrieben, stellen wir so den sicheren

Kontakt zu Gott her, indem wir ihn respektieren und ihm zudem eine Freude machen, weil wir seine Gnade anerkennen. Wenn wir für etwas danken, dann erkennen wir an, dass etwas schon geschehen ist.

Bitte also Gott um das Gewünschte, bleibe ihm treu und halte mit Zuversicht und im Vertrauen auf Gott daran fest und er wird seinen Teil tun und es Dir geben.

> (9) Und ich sage euch auch: Bittet, so wird euch gegeben; suchet, so werdet ihr finden; klopfet an, so wird euch aufgetan. (10) Denn wer da bittet, der nimmt; und wer da sucht, der findet; und wer da anklopft, dem wird aufgetan.
>
> (Lukas 11,9-10 Luther Bibel 1912)

Wie sieht nun, zusammen gefasst, ein gutes Gebet aus? Meiner Erfahrung nach sind folgende Aspekte entscheidend:

1. Das Gebet sollte so konkret wie möglich formuliert sein.

2. Das Gebet sollte keine Verneinungen enthalten.

3. Das Gebet sollte in der Gegenwart oder vollendeten Vergangenheit formuliert sein.

4. Hilfreich ist, wenn das Gebet in Dankbarkeit zu Gott gesprochen wird.

5. Damit wir es immer wieder in der richtigen Weise wiederholen können, ohne etwas zu vergessen, sollte das Gebet schriftlich fixiert sein. Dabei ist es ganz egal, ob auf Papier oder digital im PC, Tablet PC oder Smartphone.

Der Reihe nach:

1. Das Gebet sollte so konkret wie möglich formuliert sein.

Der Grund hierfür ist einfach: Je genauer das Gebet formuliert ist, desto besser widersteht es unterbewussten Glaubenssätzen, die dem Gewünschten zuwider laufen können. Wenn Du hingegen Deinen Wunsch allgemein formulierst, dann kann es zwar sein, dass er Dir erfüllt wird, jedoch nicht so, dass Dir das Ergebnis gefällt. Spätestens dann wird Dir besser bewusst, was Du Dir insgeheim gewünscht hättest. Also habe keine Scheu, genau und konkret Deine Wünsche zu formulieren. Gott und dem Universum ist kein Wunsch zu groß oder zu klein.

2. Das Gebet sollte keine Verneinungen enthalten.

Dies ist von ganz besonderer Bedeutung. Denn das Universum, das Dir das Gewünschte liefert, kennt keine Verneinungen. Anders gesagt, wogegen Du kämpfst, das verstärkst Du, weil Du ihm Energie zuführst. Wenn Du also darum, bittest, dass etwas nicht geschehen soll, dann ist die Wahrscheinlichkeit groß, dass es geschehen wird, weil Du ihm Deine Aufmerksamkeit widmest.

Daher verwende niemals ein Nein, ein Nie, ein Niemals, ein Nicht oder ein Kein/e/er. Sondern wähle stets das positive Gegenteil. Statt: „Danke Vater, dass es am Wandertag nicht regnet!" Bitte lieber: „Danke Vater, dass am Wandertag die Sonne scheint und es trocken bleibt!"

3. Das Gebet sollte in der Gegenwart oder in der vollendeten Vergangenheit formuliert sein.

Wie schon zuvor dargestellt ist der Glaube daran, dass etwas passiert, die Hauptvorrausetzung, damit sich unser Wunsch erfüllt. Daher sollte die Sprache so gewählt sein, als sei das Gewünschte schon Wirklichkeit geworden. Es wird sich dann zuerst in der geistlichen Welt formen, bis es dann Gestalt annimmt in der physischen Welt.

4. Hilfreich ist, wenn das Gebet in Dankbarkeit zu Gott gesprochen wird.

Dankbar kann man nur für etwas sein, das existiert. Folglich ist das Gewünschte bereits Wirklichkeit geworden. Dankbarkeit wirkt sozusagen wie aus der Zukunft heraus rückwirkend hinein in die Gegenwart. In der Dankbarkeit steckt somit ein besonderer Zauber, der außerhalb von Zeit und Raum wirkt.

Dankbarkeit ist zudem etwas Wunderbares. Sie gibt uns Kraft, Freude am Sein und Hoffnung auf das Bessere. „Loben zieht nach oben, Danken bewahrt vor Wanken!" so heißt ein christliches Sprichwort. Daher kann ich Dich nur ermutigen, Deine Gebete im Dankmodus zu formulieren. Wenn Du Gott dankst, dann schaffst Du eine sichere Verbindung zu ihm, weil Du ihm alles anvertraust und ihm die Ursache für alles Gute zuschreibst. Mit unserer Dankbarkeit machen wird Gott eine Freude, die als Kraft in uns wirkt.

5. Wiederholung von Zeit zu Zeit

Um die Erwartungshaltung aufrecht zu erhalten, ist es wichtig das Gebet von Zeit zu Zeit zu wiederholen. Das kann stündlich, täglich, alle paar Tage oder welchem Zeitrhythmus auch immer sein.

Dranbleiben und Geduld haben lohnt sich in jedem Fall. Denn Gott hört unser Gebet, aber er wartet auf den richtigen Zeitpunkt, damit wir als gläubige Menschen reif genug sind, wenn das Erwünschte dann eintrifft. Denn Erfolg muss man auch verkraften können. Als negatives Bespiel könnte man auf viele Prominente im Showbusiness verweisen, die scheiterten, weil sie für den Erfolg nicht vorbereitet waren.

Mache es doch so einfach wie möglich: Schreibe Dein Gebet auf, entweder auf Papier oder im PC oder anderweitig digital. So wirst Du von Tag zu Tag die Veränderungen in Deinem Leben wahrnehmen. Und das wird Dich ermutigen, wenn Du erlebst wie aus vielen kleinen Durchbrüchen sich ein großer Erfolg zusammenfügt. Passe Dein Gebet immer wieder den aktuellen Ergebnissen an und es wird von Tag zu Tag immer klarer und präziser werden.

Dabei zeigt Dir die Freude Gottes den Weg. Denn da wo seine Freude zu finden ist, dort geht es lang! Wenn Du dies verinnerlichst, Dich nach dem Willen Gottes und seiner Freude auszurichten und dies jeden Tag neu zu beherzigen, dann kann Dein Leben gar nicht anders sein als von Erfolg gekrönt! Deine Innere Stimme, welche die Stimme des Heiligen Geistes in Dir ist, wird Dir dabei helfen.

Ausdauer geht vor Talent

Eines der größten Tabus unserer Gesellschaft ist die unterschiedliche Verteilung von dem, was man allgemeinhin als Intelligenz bezeichnet. Der eine mag hochbegabt sein und der andere schafft gerade einmal die Voraussetzungen für einen einfachen Schulabschluss. Das scheint sehr ungerecht zu sein, ist doch mit einer besseren Ausbildung meistens mehr Lebensqualität verbunden. So betrachtet, lässt sich diese Tatsache so gar nicht mit einem gerechten Gott in Verbindung bringen.

Tatsache ist aber auch, dass jeder einzelne Mensch über sehr viel Potential verfügt. Es gelingt bisher aber nur wenigen, ihr eigenes Potential voll auszuschöpfen, um in allen Bereichen des Lebens erfolgreich zu sein. Das gilt für einfach Begabte genauso wie für Hochbegabte.

Denn wie oft haben wir jedoch so gar keine rechte Lust, etwas zu tun, von dem wir wissen, dass es uns aber zum Erfolg führen würde. Wie also überwindet man die Unlustgefühle?

Hier hilft es den Organisationseffekt auszunutzen, der uns neue Kraft geben kann.

Besonnen planen – beharrlich handeln

Bevor Du handeln willst, um Dein Potential zu entfalten, musst Du Dir im Klaren darüber sein, was Du erreichen willst.

Dabei kann es geschehen, dass Du Dich für Ziele entscheidest, die sich zeitlich oder inhaltlich gegenseitig ausschließen. Dann bleibt nichts anderes als Prioritäten zu setzen. Lege Deine Ziele vor Gott und lasse Dich von ihm führen, was zu tun ist. Gott wird Dir über Deine Innere Stimme zeigen, worum es ihm geht.

Hast Du Dich für ein Ziel entschieden, dann ist es sinnvoll, sich zu überlegen, wie Du planvoll vorgehen kannst, um zielsicher voran zu kommen und Dich nicht zu verzetteln.

Erfolg hat nur drei Buchstaben: T U N. Dieses Zitat wird Wolfgang von Goethe zugeschrieben. Aber unabhängig davon, wer es zuerst ausgesprochen hat – es entspricht der Wahrheit. Denn jedes Handeln zieht eine Wirkung nach sich. Und ausdauerndes Handeln, das stets dasselbe Ziel verfolgt, wird unweigerlich zu Erfolg führen. Denn es zieht unweigerlich durch seine Beharrlichkeit das Gewünschte entsprechend dem Gesetz der Anziehung in Dein Leben.

Nun wirst Du vielleicht sagen: Ich habe es schon oft versucht und bin dennoch immer wieder gescheitert.

Dann darf ich Dir antworten: Du bist nicht allein. Das Problem des Scheiterns kennen wir alle. Aber die Kunst ist es, immer wieder aufzustehen, dran zu bleiben und weiter zu machen.

Wir brauchen Vertrauen in uns selbst und in die uns von Gott gegebenen Fähigkeiten. Vertrauen darauf, dass wenn wir etwas organisiert anpacken, auch etwas dabei „rum kommt".

Dieses Vertrauen entwickeln wir, wenn wir gemäß Gottes Willen entscheiden und handeln. Denn so entscheiden wir uns immer für die Beste aller Möglichkeiten. Das Gegenteil tun wir, wenn wir uns von der Stimme des Inneren Kritikers leiten und hetzen lassen. Da der Gegner Gottes, der sich hinter dieser Stimme verbirgt, uns stets in die Irre führen will, rennen wir dem Ziel, wie der Esel der Mohrrübe, immer weiter hinterher.

Wie auch immer, es gilt: Zuversichtlich beten und beharrlich handeln. Das ist das Prinzip, das nachhaltig zum Erfolg führt. Ohne Fleiß geht somit nichts.

> Fleißige Hand wird herrschen, eine lässige aber muß Zwangsarbeit verrichten.
>
> (Sprüche 12,24 Schlachter Bibel 1951)

Es zeigt sich also: Ausdauer geht vor Talent! Fleiß, Sorgfalt und Geduld zahlen sich aus!

Und es gilt auch: Du musst Dich nicht und Du sollst Dich auch nicht abmühen oder aufopfern, um Deine Ziele zu erreichen! Gott als Mensch Jesus hat das bereits für Dich am Kreuz getan und den Sieg errungen! Du kannst also getrost handeln im Hinblick auf dieses Geschenk des Lebens und mit Zuversicht und Freude Deine Ziele und Projekte verfolgen und verwirklichen. Wenn Du auf diese Weise dran bleibst, dann wirst Du zielsicher Deine inneren Hindernisse aus dem Weg räumen.

Um immer wieder frische Kraft zu schöpfen, hilft uns das Wort aus Gottes Hand. Die Bibel ist überreich an guten und kraftvollen Worten, die uns immer wieder stärken. Hier ist Dein Interesse gefragt, Dir ein gutes Bibelwort auszusuchen, das Dir als Lebensmotto in allen Lebenslagen dienen kann.

Hier einige Beispiele:

> Kommt her zu mir, die ihr mühselig und beladen seid, so will ich euch erquicken!
> (Matthäus 11,28 Schlachter Bibel 2000)

> Ich vermag alles durch den, der mich stark macht.
> (Philipper 4,13 Schlachter Bibel 1951)

> Selig ist der Mann, der die Anfechtung erduldet; denn nachdem er sich bewährt hat, wird er die Krone des Lebens empfangen, welche Gott denen verheißen hat, die ihn lieben!
> (Jakobus 1,12 Schlachter Bibel 1951)

> Wer seinen Acker bebaut, hat reichlich Brot; wer aber unnützen Sachen nachläuft, der hat reichlich Not.
> (Sprüche 28,19 Schlachter Bibel 1951)

Frieden hinterlasse ich euch; meinen Frieden gebe ich euch. Nicht wie die Welt gibt, gebe ich euch; euer Herz erschrecke nicht und verzage nicht!

(Johannes 14,27 Schlachter Bibel 2000)

Das aber bedenket: Wer kärglich sät, der wird auch kärglich ernten; und wer im Segen sät, der wird auch im Segen ernten.

(2. Korinther 9,6 Schlachter Bibel 1951)

Wo der Herr nicht das Haus baut, da arbeiten umsonst, die daran bauen; wo der Herr nicht die Stadt behütet, da wacht der Wächter umsonst.

(Psalm 127,1 Schlachter Bibel 1951)

Die Überlegungen des Fleißigen sind nur zum Vorteil, aber wer allzu sehr eilt, hat nur Schaden davon.

(Sprüche 21,5 Schlachter Bibel 1951)

Ein anderer Weg, Kraft aus Gott zu schöpfen, ist es regelmäßig und genügend Zeit mit ihm zu verbringen. Hilfreich ist auch, wenn man geplant sich Zeit dafür nimmt und daraus eine Gewohnheit werden lässt. Das kann das regelmäßige Bibelstudium sein, Lobpreismusik anhören oder selber machen oder einfach frei mit Gott reden. Je öfter Du dies tust, desto leichter wirst Du in Gottes Gegenwart kommen.

Gottes Zeitmanagement ist das Beste

Alles hat seine bestimmte Stunde, und jedes Vorhaben unter dem Himmel hat seine Zeit:

(Prediger 3,1 Schlachter Bibel 2000)

Routine ist wichtig, wenn wir jeden Tag viele Handlungen bewältigen wollen. Hätten wir keine Routine, so kämen wir morgens gar nicht erst aus dem Haus. Jedoch kann Routine auch zur Herausforderung werden. Es kann uns dabei langweilig werden und ein einst mit Begeisterung begonnenes Projekt wird zunehmend mühseliger und wir verlieren die Freude daran.

Eine Möglichkeit dies zu bewältigen, ist es nicht in Zeitabschnitten, sondern in Veränderungen zu denken. So können wir besser Fortschritte bei uns selbst wahrnehmen. Auf diese Weise bewahren wir uns die Geduld und den Langmut und bleiben motivierter dran.

Denn Gott ist mit uns geduldig. Sein Zeitmanagement ist die Ewigkeit. Warum sollten wir also nicht auch geduldig mit uns selbst sein?

Es mag paradox erscheinen, aber Geduld lässt die Dinge nicht später kommen, sondern früher, weil sich hinter der Geduld die Demut verbirgt. Und Demut bewirkt die Gnade Gottes, der uns jederzeit das Gute geben will, wenn wir offen sind dafür.

Zudem ist Gott stets mit unserer Entwicklung für den jeweiligen Moment zufrieden, denn er weiß, dass wir jeden

Tag neu dazu lernen können. Wir mögen in Stunden denken. Gott aber denkt in Ewigkeiten.

Wenn wir gemäß Willen Gottes handeln, dann halten wir auch immer sein Zeitmanagement ein. So können wir ruhig und gelassen dem Alltag entgehen sehen, denn Gott hat über alles die Kontrolle. Es kann sein, dass wir dann ganz neue Entdeckungen machen werden. Denn Gottes Zeitmanagement ist aus der Ewigkeit heraus begriffen.

Wenn wir also unser Leben aus der Ewigkeit heraus betrachten, dann bekommt so manche Angelegenheit einen ganz anderen Sinn.

Es kann auch sein, dass Gott uns, wenn wir seinen Willen tun, vor neue Herausforderungen stellt. Denn er möchte, dass wir als seine Kinder geistlich wachsen.

Dabei wird er uns nie überfordern. Wir können und wir dürfen mit Gott kleine Schritte gehen. Und wenn wir im Kleinen Gott treu sind und diese Aufgaben gewissenhaft verrichten, dann wird Gott uns immer größere Aufgaben anvertrauen. So können wir die Angst vor Neuem überwinden. Denn es ist nicht immer einfach, die vertraute Komfortzone zu verlassen, in der wir uns eingerichtet haben. Aber das Leben ist Wandel und Gott geht mit uns, wenn wir ihn lassen.

Auch wenn es einmal schwer sein sollte. Gerade dann sollten wir dran bleiben im Vertrauen auf ihn. Das sind die Zeiten, in denen wir am meisten wachsen. Es mag sein, dass wir unsere Fortschritte nicht immer gleich erkennen, aber langfristig wird es sich bezahlt machen. Vielleicht kennst Du den Begriff „Schritt im Gehorsam". Damit ist gemeint, dass man blind im Vertrauen auf Gott handelt, oft auch ein wenig gegen die eigenen Gefühle, wenn der Verstand Ja sagt, zu dem was Gottes Wille ist.

Denn Gott sieht das ganze Bild. Wir aber sehen nur einen Ausschnitt davon. Wir können somit nicht die Situation so umfassend beurteilen, wie Gott das für uns macht. Gott weiß daher besser, was gut ist für uns. Wenn wir unseren Teil der uns von Gott anvertrauten Aufgaben tun, dann fügt Gott seinen Teil dazu und wir bewältigen auf wundersame Weise unseren Alltag. Wichtig ist, immer mit Gott im Dialog zu bleiben und uns von ihm leiten zu lassen und im Vertrauen auf ihn zu handeln. Gott lässt uns nie im Stich.

Zeit ist etwas Relatives. Sie kann uns endlos vorkommen oder viel zu knapp bemessen sein. Wenn wir aber lernen im Rhythmus von Gottes Willen zu leben, dann haben wir immer genug Zeit für alles ohne uns abzuhetzen. Die Voraussetzung ist, dass wir seine Führung annehmen. Dabei kann uns die Innere Stimme helfen. So entwickeln wir dieses tiefe Vertrauen, dass auf diese Weise alle Dinge sich in der richtigen Weise zusammen fügen.

So wirst Du nie wieder erschöpft feststellen müssen, dass Du im täglichen Chaos unterzugehen drohst. Statt dem mühevollem Abarbeiten von Aufgaben, handelst Du dann engagiert mit Freude am Tun und kannst Dein Leben jede Minute genießen. Für diesen Weg wünsche ich Dir alles Gute, Gottes Segen und gutes Gelingen!

Ausblick – so wird unsere Zukunft

Wie wird unsere Zukunft aussehen und die Zukunft unserer Kinder? Wohin entwickelt sich unsere Gesellschaft, wenn die Lebensbedingungen sich zunehmend schwieriger gestalten? Werden Armut, Hunger, Kriege oder Umweltzerstörung weiter zunehmen? Was tun, wenn fast alle Staaten überschuldet sind?

Wie auch immer sich die Dinge entwickeln werden – es wird gut werden für all jene, die auf Gott vertrauen. Denn nicht nur wir Menschen, sondern die ganze Schöpfung mit all ihrer Fehlbarkeit soll erlöst werden. Gott wird für uns eine neue Erde und einen neuen Himmel mit einem neuen Jerusalem schaffen. Die ganze Schöpfung wird zum Vater zurückkehren, wie der verlorene Sohn im Lukasevangelium.

> (1) Und ich sah einen neuen Himmel und eine neue Erde; denn der erste Himmel und die erste Erde sind vergangen, und das Meer ist nicht mehr. (2) Und ich sah die heilige Stadt, das neue Jerusalem, aus dem Himmel herabsteigen von Gott, zubereitet wie eine für ihren Mann geschmückte Braut. (3) Und ich hörte eine laute Stimme aus dem Himmel sagen: Siehe da, die Hütte Gottes bei den Menschen! Und er wird bei ihnen wohnen, und sie werden sein Volk sein, und Gott selbst wird bei ihnen sein, ihr Gott. (4) Und Gott wird abwischen alle Tränen von ihren Augen, und der Tod wird nicht mehr sein, noch Leid noch Geschrei noch Schmerz wird mehr sein; denn das Erste ist

vergangen.

(Offenbarung 21,1-4 Schlachter Bibel 1951)

Gott wird für seine Kinder eine neue Lebensgrundlage schaffen. Wir werden ewig und in vollkommener Freude mit Gott das Leben genießen. Der Tod und alles Böse werden vernichtet sein. Wir werden frei und mündig mit Gott leben und wie er als Mensch Jesus in seiner Herrlichkeit regieren. Es wird keine Einsamkeit, Armut oder Krankheiten mehr geben. Jeder Mensch und alle Natur werden ein Teil der neuen Schöpfung sein.

Nun mag man sich fragen, das ist doch so lange hin! Ich lebe aber jetzt und nicht erst in über tausend Jahren. Da hast Du Recht und nicht Recht. Gottes Reich ist geistlich und kann daher schon heute in uns Gestalt annehmen, wenn wir es zulassen. Gott will, dass wir zu Schöpfern werden so wie er. Wir sollen nicht gleichgültig sein, über das, was in der Welt passiert. Sondern wir sind aufgefordert, aus seiner Gnade und Freude heraus Kraft zu schöpfen und Frucht zu bringen. Seine Gnade befähigt uns, dass wir seinem Willen gemäß mit Freude auf das Ziel zugehen und uns beherzt für gute Werke engagieren. Packen wir es gemeinsam an! Je mehr wir durch Gottes Freude über uns und in uns unser Leben gestalten, desto mehr werden wir den Sieg in unserem Alltag erleben.

Ich wünsche Dir in allem viel Freude und gutes Gelingen – und nichts anderes als den Sieg mit Gott in Deinem Alltag!

Erfahre mehr über das Gesetz der Anziehung und wie es Dir hilft für Deinen persönlichen Erfolg:

www.mein-gesetz-der-anziehung.de

Über die Autorin

Von Beruf Diplom-Pädagogin für Erwachsenenbildung, kümmerte sich Anne Djahi längere Zeit im sozialen Bereich um Kinder und Jugendliche. Sie hat einen erwachsenen Sohn und lebt und arbeitet in Freiburg im Breisgau.

Im Alter von 22 Jahren schenkte Gott ihr die Gabe der Unterscheidung der Geister, die sie selbst zunächst nicht verstand. Als sie 2005 zum christlichen Glauben kam, entwickelte sie mehr und mehr ein tiefes Vertrauen zu Gott, dass er es gut mit uns allen meint. Aufgrund dieser Erfahrung entstand der Wunsch, nicht nur sich selbst, sondern vielen Menschen zu helfen, Gott immer mehr kennen zu lernen und in ihm geistlich frei zu werden.

2013 entschied sie dann, sich selbstständig zu machen, um im christlichen Bereich frei und kreativ arbeiten zu können.

Ihre Vision ist die von einer Welt, in der Menschen selbstbestimmt ihr Leben gestalten können. „Handeln mit Freude statt mühevoll arbeiten" ist ihr zweites Buch mit dem sie dazu beitragen möchte, das eigene Leben emanzipiert und mit Freude zu gestalten.